Le Fou

Ses paraboles et ses poèmes

Traduit de l'anglais par
Anis Chahine

Postface de
Raja Nasrallah

ÉDITIONS MILLE ET UNE NUITS

GIBRAN
n° 126

Texte intégral.
Titre original : *The Madman*.

Sommaire

GIBRAN

Le Fou

Le Fou

Vous me demandez comment je devins un fou. Cela m'arriva ainsi : un jour, bien avant que de nombreux dieux ne fussent nés, je m'éveillai d'un profond sommeil et trouvai que tous mes masques étaient volés, les sept masques que j'ai façonnés et portés durant sept vies ; je courus alors sans masque à travers les rues grouillantes de la ville en criant : « Aux voleurs ! Aux voleurs ! Aux maudits voleurs ! »

Hommes et femmes se moquèrent de moi ; de crainte, certains coururent vers leurs maisons.

Et quand j'atteignis la place du marché, un jeune homme, debout sur le toit d'une maison, s'écria : « C'est un fou. » Je levai la tête pour le regarder ; le soleil embrassa mon propre visage nu pour la première fois. Pour la première fois, le soleil embrassa mon propre visage nu et mon âme s'enflamma d'amour pour le soleil, et je ne voulus plus de mes masques. Et, comme dans une extase, je criai : « Bénis, bénis soient les voleurs qui me dépouillèrent de mes masques ! »

C'est ainsi que je devins un fou.

Et dans ma folie, j'ai retrouvé à la fois ma liberté et ma sécurité ; la liberté d'être seul et la sécurité de n'être pas compris ; car ceux qui nous comprennent nous asservissent de quelque manière.

Mais je ne voudrais pas me targuer de ma sécurité. Même un voleur dans sa geôle est à l'abri d'un autre voleur.

Dieu

Dans les temps anciens, quand le premier frisson de parole vint à mes lèvres, je gravis la sainte montagne et m'adressai à Dieu et lui dis : « Seigneur, je suis ton esclave. Ta volonté cachée est ma loi, et je t'obéirai à jamais. »

Mais Dieu ne fit pas de réponse ; et, telle une puissante tempête, il disparut.

Et mille ans plus tard, je gravis la sainte montagne et de nouveau je m'adressai à Dieu et lui dis : « Créateur, je suis ta création. D'argile tu m'as façonné et à toi je me dois tout entier. »

Et Dieu ne fit pas de réponse ; mais, tel un millier d'ailes rapides, il disparut.

Et mille ans plus tard, je gravis la sainte montagne ; et je m'adressai de nouveau à Dieu et lui dis : « Père, je suis ton fils. Dans ta miséricorde et ton amour, tu m'as donné naissance ; et c'est par l'amour et l'adoration que j'hériterai de ton royaume. »

Et Dieu ne fit pas de réponse ; et, telle la brume qui voile les collines lointaines, il disparut.

Et mille ans plus tard, je gravis la sainte montagne et de nouveau je m'adressai à Dieu et lui dis : « Mon Dieu, toi mon but et mon accomplissement ; je suis ton hier et tu es mon demain. Je suis ta racine dans la terre et tu es ma fleur dans le ciel et ensemble nous croissons devant le visage du soleil. »

Dieu se pencha alors sur moi, et à mes oreilles il chuchota des mots pleins de douceur ; et, comme la mer enveloppe le ruisseau qui coule vers elle, il m'enveloppa.

Et quand je descendis vers les vallées et les plaines, Dieu y était aussi.

Mon ami

Mon ami, je ne suis pas ce que je parais. L'apparence n'est qu'un vêtement que je porte, un vêtement tissé avec soin pour me protéger contre ton indiscrétion et te préserver contre ma négligence.

Le « je » qui est en moi, mon ami, demeure dans la maison du silence ; et il y restera à jamais, inaperçu, inaccessible.

Je ne voudrais pas que tu croies à ce que je dis, ni à ce que je fais ; car mes paroles ne sont que l'écho de tes propres pensées, et mes actes ne sont que l'accomplissement de tes propres espoirs.

Quand tu me dis : « Le vent souffle de l'est », je te dis : « Certes, il souffle de l'est » ; car je ne te permettrai pas de savoir que mon esprit ne peut se poser sur le vent mais sur la mer.

Tu ne peux comprendre mes pensées navigatrices ; je ne voudrais pas non plus que tu les comprennes. Je voudrais être seul sur la mer.

Quand il fait jour chez toi, mon ami, il fait nuit chez moi, même quand je parle de midi qui danse sur les collines ou de l'ombre violette qui glisse dans la vallée ; car tu n'es pas à même d'écouter les chants de ma nuit ni de regarder mes ailes s'envoler vers les étoiles ; et je ne te permettrai point ni de les écouter ni de les regarder. Je voudrais être seul avec la nuit.

Quand tu montes à ton ciel, je descends à mon enfer ; même si tu m'appelles à travers l'infranchissable gouffre : « Mon compagnon, mon camarade », je te répondrai : « Mon camarade, mon compagnon » ; car je ne te permettrai pas de voir mon enfer. La flamme te brûlerait la vue et la fumée t'encombrerait les narines. J'aime trop mon enfer pour te permettre de le visiter. Je voudrais être seul en enfer.

Tu aimes la Vérité, la Beauté et la Droiture ; et moi, par amour pour toi, je dis qu'il est bon et bienfaisant d'aimer ces choses. Mais dans mon cœur, je ris de ton amour. Et j'aurais voulu dérober mon rire à ton regard. Je voudrais rire tout seul.

Mon ami, tu es bon et prudent et sage ; que dis-je ? tu es parfait ! Et moi aussi, je te parle avec sagesse et prudence. Et de plus, je suis fou. Mais je masque ma folie. Je voudrais être fou tout seul.

Mon ami, tu n'es pas mon ami ; comment te le faire comprendre ? Ma voie n'est pas ta voie, bien que la main dans la main nous cheminions ensemble.

L'épouvantail

Je dis un jour à un épouvantail : « Tu dois être fatigué de demeurer debout dans ce champ solitaire. »

Et il répondit : « La joie d'épouvanter est une joie intense et durable, je ne m'en lasse jamais. »

Après un moment de réflexion, je dis : « Cela est vrai ; moi aussi j'ai connu cette joie.

– Seuls ceux qui sont bourrés de paille, dit-il, peuvent connaître cette joie. »

Sur ce, je le quittai ne sachant s'il m'avait flatté ou mésestimé.

Un an s'écoula. L'épouvantail se transforma en philosophe. Et quand de nouveau je passai près de lui, je vis deux corneilles construire un nid sous son chapeau.

Les somnambules

Dans la ville où je naquis, vivaient une femme et sa fille qui étaient toutes deux somnambules.

Une nuit, alors qu'un silence enveloppait le monde, la mère et sa fille – encore endormies – se rencontrèrent en marchant dans le jardin, voilé par la brume.

Et la mère parla et dit : « Enfin, enfin, mon ennemie ! Toi par qui ma jeunesse fut détruite, tu as érigé ta vie sur les ruines de la mienne ! Ah ! si seulement je pouvais te tuer ! »

Et la fille parla et dit : « Femme exécrable, vieille et égoïste, tu te tiens entre moi et mon plus libre moi ! Toi qui voudrais faire de ma vie un écho de ta propre vie flétrie ! Que n'es-tu morte ! »

À ce moment-là, un coq chanta ; les deux femmes se réveillèrent. La mère dit aimablement : « Est-ce toi, ma chérie ? » Et la fille de répondre aimablement : « Oui ! Ma chère. »

Le chien sage

Un jour, un chien sage vint à passer auprès d'une société de chats.

Et comme il s'approchait d'eux, il vit qu'ils étaient occupés et que nul ne lui prêtait attention ; alors il s'arrêta.

À ce moment-là, un grand chat, grave et solennel, surgit au milieu d'eux, les regarda et leur dit : « Frères ! Priez ; et quand vous aurez prié, et de nouveau prié, soyez sûrs qu'il pleuvra des rats. »

Et quand le chien entendit cela, il rit dans son cœur et s'éloigna d'eux en disant : « Chats aveugles et insensés, n'a-t-il pas été écrit – et cela je l'ai appris moi-même et mes ancêtres avant moi – qu'à force de prière, de foi et de supplication, il pleuvra non pas des rats mais des os. »

Les deux ermites

Sur une montagne isolée vivaient deux ermites ; ils adoraient Dieu et s'aimaient l'un l'autre.

Ces deux ermites avaient une jatte en terre ; c'était tout ce qu'ils possédaient.

Un jour, un esprit mauvais s'empara du cœur du vieil ermite, qui vint trouver son jeune confrère et lui dit : « Voilà longtemps que nous vivons ensemble. Il est temps de nous séparer ; partageons notre possession. »

Attristé, le jeune ermite lui dit : « Frère ! Il me coûte tant de te voir partir. Mais si tu considères qu'il est vraiment nécessaire pour toi de partir, qu'il en soit ainsi. » Sur ce, il apporta la jatte en terre et la lui donna en disant : « Nous ne pouvons la partager, frère ; tu peux la prendre.

– Je ne veux point d'aumône, dit alors le vieil ermite, je ne prends que ma part. Il faut partager la jatte. »

Et le jeune ermite répondit : « Si, ce faisant, la jatte se brise, à quoi nous servirait-elle ? Qu'on se la tire au sort, si cela te plaît. »

Cependant le vieil ermite dit de nouveau : « Je n'exige que ma part selon toute justice. Je n'admets point que la justice, ainsi que ma part, soient livrées à un sort aveugle. La jatte doit être partagée. »

Ne trouvant pas d'issue à une telle discussion, le jeune ermite dit enfin : « Si c'est là vraiment ta volonté et que tu veux qu'il en soit ainsi, brisons maintenant la jatte. »

Là-dessus, le vieil ermite, dont le visage s'était assombri d'indignation, s'écria : « Toi, maudit poltron, tu ne veux donc pas te battre. »

Donner et prendre

Il y avait une fois un homme qui possédait une vallée pleine d'aiguilles. Un jour, la mère de Jésus vint chez lui et lui dit : « Ami, le vêtement de mon fils est déchiré ; je dois le lui raccommoder avant qu'il n'aille au temple. Ne voudriez-vous pas me donner une aiguille ? »

Et ce n'est point une aiguille qu'il lui donna, mais il lui tint un érudit discours sur le fait de donner et de prendre pour le faire parvenir à son fils avant qu'il n'aille au temple.

Les sept moi

À l'heure la plus tranquille de la nuit, alors que le sommeil s'emparait de moi, mes sept moi se mirent à converser entre eux en chuchotant ainsi :

Le Premier Moi : Ici, dans ce fou, voilà que je demeure depuis bien des années, n'ayant rien à faire que de renouveler sa souffrance le jour et son chagrin la nuit. Je ne peux plus supporter mon sort davantage ; et maintenant je me révolte.

Le Second Moi : Ton sort est meilleur que le mien, frère ; car il me fut imparti d'être le moi joyeux de ce fou. Je ris son rire et chante ses moments heureux ; et avec des pieds aux triples ailes, je danse ses idées lumineuses. Moi, je dois me révolter contre cette existence fastidieuse.

Le Troisième Moi : Que dire de moi, le moi dominé par l'amour, le tison enflammé de passion déchirante et de désirs fantastiques ? C'est moi, le moi malade d'amour qui devrais me révolter contre ce fou.

Le Quatrième Moi : C'est moi qui suis le plus misérable parmi vous ; car il ne m'a été donné que d'être une haine odieuse et une répulsion destructive. C'est moi, le moi pareil à la tempête, né dans les caves sombres de l'Enfer, c'est moi qui devrais me révolter d'être l'esclave de ce fou.

Le Cinquième Moi : Non, c'est moi, le moi pensant, le moi fantaisiste, le moi de la soif, le moi de la faim, condamné à vagabonder sans répit en quête de choses inconnues et non encore créées. C'est moi, et non pas vous, qui devrais me révolter.

Le Sixième Moi : Et moi, le moi travailleur, digne de pitié, qui, avec des mains patientes et des yeux ardents, transforme les jours en rêve et confère aux éléments amorphes une forme nouvelle et éternelle. C'est moi, l'être solitaire, qui devrais me révolter contre ce fou agité.

Le Septième Moi : Qu'il est étrange de votre part de vouloir vous révolter tous contre cet homme, sous prétexte que chacun d'entre vous a un sort prédestiné à accomplir. Ah ! Si seulement j'étais l'un de vous, un moi au sort déterminé ! Mais je n'en ai point ; je suis le moi fainéant, relégué dans l'oubli, à jamais vain et inutile ; alors que vous, vous êtes occupés à re-créer la vie. Qui devrait donc se révolter, voisins ? Est-ce vous ou bien moi ?

Quand le septième moi parla ainsi, les six autres moi le regardèrent avec pitié mais ne répondirent plus ; et comme la nuit s'avançait, ils s'endormirent l'un après l'autre envahis par une nouvelle et heureuse résignation.

Seul le septième moi demeura en place à contempler et à fixer le néant, caché derrière toute chose.

Guerre

Une nuit, on célébrait une fête au palais quand vint un homme qui se prosterna devant le prince; tous les hôtes se mirent à le regarder; il avait, en effet, perdu un œil dont la cavité saignait encore. « Que vous est-il donc arrivé ? » s'enquit le prince. Et l'homme de répondre : « Prince ! Je suis voleur de profession; cette nuit, comme il n'y avait pas de lune, j'allai voler le magasin du changeur. Mais, ayant grimpé par la fenêtre, je me rendis compte que j'étais entré par mégarde dans l'atelier du tisserand; dans l'obscurité je cognai contre le métier à tisser; mon œil en fut arraché. Prince ! Je viens ici vous demander justice contre le tisserand. »

Le prince manda le tisserand et décréta qu'on lui arrachât un œil.

« Ô Prince ! dit le tisserand, votre ordre est équitable; je conviens que mon œil doit être arraché. Mais hélas ! vous savez bien que les deux yeux me sont indispensables pour me permettre de voir les deux côtés d'un vêtement que je tisse. Cependant mon voisin est savetier; il a aussi deux yeux; et dans son métier il peut se passer d'un œil. »

Le prince manda alors le savetier. Et quand il se présenta, on lui arracha un œil.

Ainsi justice fut satisfaite.

Le renard

Au lever du soleil, un renard regarda son ombre et dit :
« J'aurai un chameau pour déjeuner. » Toute la matinée il
s'en alla à la recherche de chameaux. Mais à midi, il vit
de nouveau son ombre et dit : « Une souris me suffit. »

Le roi sage

Un roi, puissant et sage à la fois, gouvernait jadis la ville de Wirani. Ses sujets le craignaient pour sa puissance et l'aimaient pour sa sagesse.

Au cœur de cette ville, il y avait un puits dont l'eau était fraîche et cristalline. Tous les habitants de la ville en buvaient, même le roi et ses courtisans; car il n'y avait pas là d'autre puits.

Une nuit, alors que tout le monde dormait, une sorcière pénétra dans la ville et laissa tomber dans le puits sept gouttes d'un liquide étrange en disant : « Tous ceux qui, à présent, boiront de ce puits deviendront fous. »

Le lendemain, tous les habitants de la ville, excepté le roi et son chambellan, burent de cette eau et devinrent fous, comme la sorcière l'avait prédit.

Et tout le long de ce jour-là, les habitants de la ville cheminaient dans les rues étroites et sur les places de marché en chuchotant les uns aux autres : « Le roi est fou. Notre roi et son chambellan ont perdu la raison; nous refusons d'être gouvernés par un roi fou. Il faut le détrôner. »

Ce soir-là, le roi fit remplir un gobelet doré de l'eau du puits. Et quand on le lui présenta, il y but longuement et le donna à son chambellan qui fit de même.

Grande fut la réjouissance du peuple dans la ville lointaine de Wirani : le roi et son chambellan avaient, en effet, recouvré la raison.

Ambition

Trois hommes se rencontrèrent à table dans une taverne. L'un d'eux était tisserand, l'autre menuisier et le troisième fossoyeur.

Le tisserand dit : « J'ai vendu aujourd'hui un fin linceul à deux pièces d'or. Buvons du vin à satiété.

– Et moi, dit le menuisier, j'ai vendu le meilleur cercueil. Nous aurons un bon rôti avec le vin.

– J'ai creusé une tombe seulement, dit le fossoyeur, mais mon patron me paya le double. Commandons du gâteau au miel aussi. »

Et tout le long de ce soir-là, la taverne connut une activité inhabituelle ; en effet, ces hôtes ne cessaient de commander vin, viande et gâteau. Et ils étaient si gais.

Et le tavernier se frottait les mains en souriant à sa femme ; car ses clients dépensaient largement.

Quand ils quittèrent la taverne, la lune était haute ; et ils marchaient le long de la route en chantant et en criant tous à la fois.

Le tavernier et sa femme, debout au seuil de leur porte, les regardaient partir.

« Ah ! ces jeunes gens, dit la femme, qu'ils sont gais et généreux ! Si seulement ils pouvaient nous procurer un pareil bonheur chaque jour, notre fils n'aurait plus alors à être tavernier et à travailler si dur. Nous pourrions l'éduquer pour qu'il devienne prêtre. »

Le nouveau plaisir

La nuit dernière j'inventai un nouveau plaisir, et comme je m'en délectais pour la première fois, un ange et un démon surgirent devant ma porte et se mirent à se disputer au sujet de mon nouveau plaisir.

L'un criait : « C'est un péché ! » L'autre : « C'est une vertu ! »

L'autre langage

Trois jours après ma naissance, alors que j'étais couché dans mon berceau en soie et regardais avec étonnement et épouvante le nouveau monde qui m'entourait, ma mère demanda à la nourrice : « Comment va mon enfant ?

— Il va bien, Madame, répondit celle-ci, je l'ai allaité trois fois ; et jamais de ma vie je n'ai vu un bébé aussi gai et aussi vigoureux. »

Indigné, je m'écriai alors : « Ce n'est pas vrai, maman ; car mon lit est dur, le lait que j'ai tété est amer dans ma bouche et l'odeur du sein est répugnante pour mes narines ; je suis on ne peut plus misérable. »

Cependant, ni ma mère ni la nourrice ne m'ont compris ; car le langage que je parlais était celui du monde d'où je venais.

Et le vingt et unième jour après ma naissance, comme j'allais être baptisé, le prêtre dit à ma mère : « Réjouissez-vous, madame ; votre fils est né chrétien. »

Surpris, je dis alors au prêtre : « S'il en est ainsi, votre mère au Ciel doit être malheureuse, car vous n'êtes pas né chrétien. »

Mais le prêtre non plus ne comprit pas mon langage.

Et un jour, après sept mois lunaires, un devin me regarda et dit à ma mère : « Votre fils sera un homme d'État et un grand conducteur d'hommes. »

Mais je lui criai bien fort : « Cette prophétie est falla-
cieuse ; en effet, je serai musicien et rien d'autre que
musicien. »

Cependant, même à cet âge-là, mon langage demeu-
rait encore incompris ; et grand fut mon étonnement.

Et trente-trois ans plus tard, alors que ma mère, la
nourrice et le prêtre étaient décédés (que l'ombre de Dieu
protège leurs esprits), le devin vivait encore.

Et hier je le rencontrai près de la porte du temple. Et
de fil en aiguille il vint à me dire : « Je savais depuis tou-
jours que vous deviendriez un grand musicien ; vous étiez
encore enfant, quand je prédis, dans une prophétie, votre
avenir. »

Et je le crus ; car, à présent, moi aussi, j'ai oublié le
langage de l'autre monde.

La grenade

Comme je vivais jadis dans le cœur d'une grenade, j'entendis une graine dire : « Un jour je deviendrai un arbre, et le vent chantera dans mes branches, et le soleil dansera sur mes feuilles, et je serai un arbre puissant et beau durant toutes les saisons. »

Puis une autre graine dit : « Quand j'étais aussi jeune que vous, je nourrissais des rêves semblables. Mais maintenant que je suis à même de peser et de mesurer toute chose, je me rends compte que tous mes espoirs étaient vains. »

Et une troisième graine dit aussi : « Je ne vois rien en nous qui promette un avenir si brillant. »

Et une quatrième graine dit : « Sans un grand avenir, piètre vie que la nôtre ! »

Et une cinquième dit : « Pourquoi nous disputer sur ce que nous serons, alors que nous ignorons même ce que nous sommes. »

Mais une sixième répliqua : « Quoi que nous soyons, nous continuerons d'être. »

Et une septième dit : « Je forme des idées claires sur l'avenir ; mais je ne peux les exprimer par des mots. »

Puis une huitième parla et une neuvième et une dixième et toutes les autres graines parlèrent à fois, et je ne pouvais plus rien comprendre dans cette confusion de voix.

Et ainsi je déménageai ce jour-là dans le cœur d'un coing, où les graines étaient peu nombreuses et presque silencieuses.

Les deux cages

Dans le jardin de mon père, il y a deux cages. Dans l'une, il y a un lion que les esclaves de mon père avaient apporté du désert de Ninive ; dans l'autre, il y a un moineau silencieux.

Chaque jour, à l'aube, le moineau s'adresse ainsi au lion : « Bonjour, frère prisonnier ! »

Les trois fourmis

Trois fourmis se rencontrèrent sur le nez d'un homme qui dormait couché au soleil. Et quand elles se saluèrent l'une l'autre, chacune selon la coutume de sa tribu, elles se mirent à converser.

La première fourmi dit : « Je n'ai jamais vu de plaines et de collines aussi arides que celles-ci. Un jour durant je fus à la recherche d'un grain quelconque, mais en vain. »

La seconde fourmi dit : « Moi non plus je ne trouvai rien, bien que j'aie fouillé tous les coins et clairières. C'est là, je pense, ce que mes compatriotes appellent le pays tendre et mobile où rien ne pousse. »

La troisième fourmi leva alors la tête et dit : « Mes amies, nous voici debout sur le nez de la Fourmi Géante, la Fourmi puissante et illimitée, dont le corps est si grand que nous ne pouvons le voir, dont l'ombre est si étendue que nous ne pouvons la délimiter, et dont la voix est si haute qu'il nous est impossible de l'entendre. Elle est omniprésente. »

Quand la troisième fourmi parla ainsi, les autres se regardèrent en riant.

À ce moment, l'homme se retourna ; il dormait encore quand il leva la main, se gratta le nez et écrasa les trois fourmis.

Le fossoyeur

Un jour, comme j'enterrais l'un de mes moi mort, le fossoyeur m'aborda en disant : « De tous ceux qui viennent ici enterrer leurs morts, je n'aime que toi.

– Cela me flatte énormément, lui dis-je, mais pourquoi donc m'aimes-tu ?

– Parce que, dit-il, ils viennent en pleurant et retournent en pleurant ; toi seul viens en riant et retournes en riant. »

Sur les marches du Temple

Hier, sur les marches en marbre du Temple, je vis une femme assise entre deux hommes. L'une de ses joues était pâle, l'autre empourprée.

La Ville Bénie

J'étais tout jeune quand j'appris que dans une certaine ville tout le monde vivait selon l'Écriture.

Et je dis : « J'irai à la recherche de cette ville et connaîtrai sa béatitude. » Et comme elle était lointaine, j'emportai des provisions considérables pour le voyage. Et après quarante jours, j'aperçus la ville ; et le quarante et unième jour, j'y fis mon entrée.

Mais voici que ses habitants étaient tous borgnes et manchots. Saisi d'étonnement, je me dis : « Faut-il donc être borgne et manchot pour être citoyen de cette Ville Bénie ? »

Puis, je vis qu'ils étaient eux aussi très étonnés de voir que j'avais deux mains et deux yeux.

Et comme ils parlaient entre eux, je leur demandai et dis : « Est-ce là vraiment la Ville Bénie, où tout le monde vit selon l'Écriture ?

– Oui, répondirent-ils, c'est la ville même.

– Que vous est-il donc arrivé, dis-je, pour avoir perdu l'œil droit et la main droite ? »

Et il y eut un remous parmi les gens. « Venez donc voir », me dirent-ils.

Et ils m'emmenèrent au Temple situé au milieu de la ville. Et dans le Temple je vis un amoncellement d'yeux et de mains. Tous flétris.

Alors, je leur dis : « Hélas ! Quel agresseur put commettre contre vous une telle cruauté ? »

Et un chuchotement se fit parmi eux. Et l'un de leurs aînés s'approcha de moi et dit : « C'est nous qui avons agi ainsi de plein gré. Dieu nous a aidés à vaincre le mal qui était en nous. »

Et il me conduisit à un autel élevé, et tout le peuple nous suivait. Et il montra une inscription gravée au-dessus de l'autel, et je lis :

« Si ton œil droit te scandalise, arrache-le et jette-le loin de toi ; car, mieux vaut pour toi perdre un seul de tes membres que de voir tout ton corps jeté dans la géhenne. Et si ta main droite te scandalise, coupe-la et jette-la loin de toi ; car, mieux vaut pour toi perdre un seul de tes membres que de voir tout ton corps jeté dans la géhenne. »

À ce moment-là je compris. Je me retournai vers tout le peuple et criai : « N'y a-t-il pas parmi vous un homme ou une femme qui ait deux yeux ou deux mains ? »

Et ils répondirent en me disant : « Non, pas un. Il n'y a que ceux qui sont trop jeunes encore pour lire l'Écriture et comprendre ses commandements. »

Et quand nous sortîmes du Temple, je m'empressai de quitter cette Ville Bénie ; car je n'étais plus trop jeune, et je pouvais lire l'Écriture.

Le Bon Dieu et le Mauvais Dieu

Le Bon Dieu et le Mauvais Dieu se rencontrèrent sur le sommet d'une montagne.

Le Bon Dieu dit : « Bonjour à toi, frère. »

Le Mauvais Dieu ne répondit pas.

Et le Bon Dieu dit : « Tu es de mauvaise humeur aujourd'hui.

– Oui, répondit le Mauvais Dieu, car j'ai souvent été confondu avec toi, appelé par ton nom et traité comme si j'étais toi ; et cela me déplaît. »

Et le Bon Dieu dit : « Mais moi aussi j'ai été confondu avec toi et appelé par ton nom. »

Le Mauvais Dieu s'en alla en maudissant la stupidité de l'homme.

Défaite

Défaite, ma défaite, ma solitude et mon isolement,
Tu es pour moi plus chère que mille triomphes
Et plus douce pour mon cœur que toute la gloire du
monde.

Défaite, ma défaite, mon défi et ma connaissance de
moi-même,
Grâce à toi je sais que je suis encore un jeune homme
au pied agile,
Et qui ne se laisse attirer par des lauriers fanés.
Et en toi j'ai trouvé ma solitude
Et la joie d'être éloigné et dédaigné.

Défaite, ma défaite, mon épée brillante et mon bou-
clier,
Dans tes yeux j'ai lu
Que celui qui cherche le trône se rend lui-même
esclave,
Et celui qui veut être compris se ravale
Et pour scruter le fond d'un être il nous faut atteindre
sa plénitude
Et tel un fruit mûr tomber et être consommé.

Défaite, ma défaite, ma compagne audacieuse,
Tu entendras mon chant, mes cris et mes silences,

Et nul, à part toi, ne me parlera du battement d'ailes,
Et de l'agitation des mers
Et des montagnes qui brûlent dans la nuit.
Et toi, seule, grimperas les chemins escarpés et rocheux
de mon âme.

Défaite, ma défaite, mon courage immortel,
Toi et moi rirons ensemble avec la tempête.
Et ensemble nous creuserons des tombes pour tout ce
qui meurt en nous.
Et nous nous tiendrons face au soleil avec obstination
Et nous serons dangereux.

La nuit et le fou

« Je suis comme toi, ô Nuit, sombre et nu ; je chemine sur le sentier flamboyant, qui est au-delà de mes rêves diurnes ; et là où mon pied touche terre, un chêne géant surgit.

– Non, tu n'es pas comme moi, ô Fou ; car tu te retournes encore pour voir combien grandes sont les traces de tes pieds sur le sable.

– Je suis comme toi, ô Nuit, silencieux et profond, et dans le cœur de ma solitude repose une déesse en couches ; et en celui qui naîtra le Ciel s'unit à l'Enfer.

– Non, tu n'es pas comme moi, ô Fou ; car tu frémis encore devant la souffrance ; et le chant de l'abîme t'effraie.

– Je suis comme toi, ô Nuit, sauvage et terrible ; car mes oreilles sont assourdies par les cris des nations conquises et les soupirs pour des pays oubliés.

– Non, tu n'es pas comme moi, ô Fou ; car tu prends encore pour camarade ton moi-pygmée, alors qu'il t'est difficile d'être l'ami de ton moi-géant.

– Je suis comme toi, ô Nuit, cruel et redoutable ; car ma poitrine est illuminée par des bateaux brûlant dans la mer et mes lèvres sont trempées du sang de guerriers abattus.

– Non, tu n'es pas comme moi, ô Fou ; car tu es encore hanté par le désir d'une âme-sœur ; et tu n'es pas encore devenu ta propre loi.

– Je suis comme toi, ô Nuit, joyeux et heureux ; car celui qui demeure sous mon toit est maintenant ivre de vin vierge ; et celle qui me poursuit, délecte à présent la joie de l'adultère.

– Non, tu n'es pas comme moi, ô Fou ; car ton âme est enveloppée dans un voile à sept plis ; aussi n'es-tu pas encore à même de prendre ton cœur en main.

– Je suis comme toi, ô Nuit, patient et passionné ; car dans ma poitrine sont enterrés des milliers d'amoureux dans des linceuls de baisers flétris.

– Oui, Fou, es-tu comme moi ? Es-tu comme moi ? Peux-tu donc chevaucher sur la tempête comme sur un coursier ou empoigner la foudre telle une épée ?

– Je suis comme toi, ô Nuit ; je suis comme toi, puissant et élevé ; car mon trône se dresse sur des tas de dieux déchus ; et devant moi passent les jours pour embrasser le bord de mes vêtements, mais sans jamais pouvoir contempler mon visage.

– Es-tu comme moi, enfant de mon cœur le plus sombre ? Peux-tu donc assumer mes pensées indomptables et parler mon langage illimité ?

– Oui, nous sommes des frères jumeaux, ô Nuit ; car tu révèles l'espace et moi je révèle mon âme. »

Des visages

J'ai vu un visage à mille expressions, et un visage qui n'était qu'une seule expression, comme s'il était fixé dans un moule.

J'ai vu un visage dont l'éclat apparent cachait la laideur et un visage dont l'éclat laissait entrevoir la beauté.

J'ai vu un vieux visage, sillonné de rides mais n'exprimant rien, et un visage lisse sur lequel toutes choses furent gravées.

Je connais les visages parce que je les regarde à travers l'étoffe que tissent mes propres yeux, parce que je contemple la réalité qu'ils voilent.

La mer la plus grande

Mon âme et moi, nous allâmes à la grande mer pour nous baigner. Arrivés au rivage, nous nous mîmes à la recherche d'un endroit caché et isolé.

Mais, en marchant, nous vîmes un homme assis sur un rocher gris, tenant un sac et jetant dans la mer des pincées de sel.

« C'est le pessimiste, dit mon âme ; quittons cet endroit ; nous ne pouvons nous baigner ici. »

Nous continuâmes à marcher jusqu'à ce que nous atteignîmes un bras de mer. Là, nous vîmes, debout sur un rocher blanc, un homme tenant une boîte endiamantée de laquelle il prenait du sucre et le jetait dans la mer.

« Et celui-ci est l'optimiste, dit mon âme ; et lui non plus ne doit pas voir nos corps nus. »

Nous poursuivîmes notre marche ; sur une plage nous vîmes un homme ramasser des poissons morts et les remettre dans l'eau avec tendresse.

« Nous ne pouvons nous baigner devant lui, dit mon âme ; c'est le philanthrope plein d'humanité. »

Et nous passâmes notre chemin.

Nous atteignîmes alors un endroit où un homme traçait son ombre sur le sable. De grandes vagues venaient l'effacer. Mais il la retraçait toujours de nouveau.

« C'est le mystique, dit mon âme ; quittons-le. »

Et nous poursuivîmes notre chemin jusqu'à une baie

tranquille ; nous vîmes un homme ramasser l'écume à la
pelle et la mettre dans une coupe d'albâtre.

« C'est l'idéaliste, dit mon âme, il ne mérite certes pas
de voir notre nudité. »

Et de nouveau nous marchâmes. Soudain nous enten-
dîmes une voix crier : « C'est la mer, c'est la profonde mer.
C'est l'immense et puissante mer. » Arrivés à l'endroit d'où
surgissait la voix, nous vîmes un homme tournant le dos à
la mer et tenant une coquille à l'oreille pour écouter le
murmure de la mer.

Et mon âme dit : « Passons notre chemin ; c'est le réa-
liste : il tourne le dos au tout qu'il ne peut saisir et se
préoccupe de détails. »

Nous passâmes donc. Et parmi les rochers, dans un
endroit plein de mauvaises herbes, nous vîmes un
homme dont la tête était enfoncée dans le sable. Je dis
alors à mon âme : « Nous pouvons nous baigner ici ; car
il ne peut pas nous voir.

– Non, répondit mon âme, c'est le plus fatal de tous.
C'est le puritain. »

Une grande tristesse envahit alors la face de mon âme
et en empreignit la voix.

« Allons-nous en, dit-elle ; car il n'est pas d'endroit
caché et isolé où nous pouvons nous baigner. Je ne lais-
serais pas le vent soulever ma chevelure dorée, ni l'air
mettre à nu ma poitrine blanche, ni la lumière dévoiler
ma nudité sacrée. »

Sur ce, nous quittâmes cette mer et nous partîmes à la
recherche de la plus Grande Mer.

Crucifié

Je criai aux hommes : « Je voudrais être crucifié ! »

Et ils répondirent : « Pourquoi votre sang serait-il sur nos têtes ? »

Et je répondis : « Comment seriez-vous donc exaltés, sinon en crucifiant des fous ? »

Et ils prirent mes paroles en considération ; et je fus crucifié. Et la crucifixion m'apaisa.

Et quand j'étais suspendu entre ciel et terre, ils levèrent la tête pour me regarder. Et ils furent exaltés, car jamais auparavant ils n'avaient levé la tête.

Mais comme ils étaient là, debout à me regarder, l'un d'eux s'écria : « Que cherchez-vous donc à expier ? »

Et un autre me cria : « Pour quelle cause vous sacrifiez-vous ? »

Et un troisième dit : « Croyez-vous acheter à ce prix la gloire du monde ? »

Puis un quatrième dit : « Regardez comme il sourit ! Une telle douleur peut-elle être pardonnée ? »

Et je leur répondis à tous et dis : « Souvenez-vous seulement que j'ai souri. Je ne peux expier ni le sacrifice, ni le désir de la gloire ; et je n'ai rien à pardonner. J'avais soif ; et je vous ai suppliés de me donner mon sang à boire. Y a-t-il, en effet, quelque chose qui puisse étancher la soif d'un fou, autre que son propre sang ? J'étais muet ; et je vous ai demandé de me faire des blessures en guise de bouche. J'étais prisonnier de vos jours et de vos nuits ; aussi ai-je recherché une porte conduisant à des jours et à des nuits plus vastes.

Et maintenant je pars, comme d'autres crucifiés sont déjà partis. Et ne croyez pas que nous sommes lassés de crucifixion. Car nous sommes appelés à être crucifiés par des hommes bien plus puissants que vous, entre des terres plus grandes et des cieux plus grands. »

L'astronome

À l'ombre du Temple, nous vîmes, mon ami et moi, un homme aveugle assis tout seul. Et mon ami me dit : « Regarde l'homme le plus sage de notre pays. »

Je quittai alors mon ami et m'approchai de l'aveugle ; je le saluai et nous nous mîmes à converser.

Un moment plus tard, je lui dis : « Pardonnez mon importunité : depuis quand êtes-vous aveugle ?

– Depuis ma naissance, répondit-il.

– Selon quels principes de sagesse vivez-vous ? lui dis-je.

– Je suis astronome », répondit-il.

Il posa alors sa main sur sa poitrine en disant : « J'observe tous ces soleils et ces lunes et ces étoiles. »

La grande nostalgie

C'est ici que je m'assois entre mon frère le mont et ma sœur la mer.

Nous, les trois, nous ne formons qu'un dans notre solitude ; et l'amour qui nous unit est profond, fort et étrange. Sa profondeur dépasse celle de ma sœur la mer ; sa force l'emporte sur celle de mon frère, le mont ; et son étrangeté va au-delà de ma folie.

Des milliers et des milliers de siècles se sont écoulés avant que la première aube ne nous rendît visibles l'un à l'autre ; et bien que nous ayons vu la naissance, la plénitude et la mort de tant de mondes, nous sommes encore ardents et jeunes.

Nous sommes jeunes et ardents, et pourtant seuls et abandonnés ; bien que nous demeurions dans une indéfectible semi-étreinte, nous sommes encore mal à l'aise. Quel confort y a-t-il, en effet, dans un désir contrôlé et une passion retenue ? D'où viendra-t-il, le dieu enflammé pour réchauffer le lit de ma sœur ?

Quelle déesse des torrents éteindra le feu de mon frère ? Quelle est la femme qui disposera de mon cœur ?

Dans la sérénité de la nuit, ma sœur murmure dans son sommeil le nom inconnu du dieu enflammé ; et mon frère appelle de loin la distante et froide déesse ; quant à moi, à qui ferai-je appel dans mon sommeil ? Je ne le sais.

C'est ici que je m'assois entre mon frère le mont et ma sœur la mer. Nous, les trois nous ne formons qu'un dans notre solitude, et l'amour qui nous unit est profond, fort et étrange.

Ce que dit le brin d'herbe

Un brin d'herbe dit à une feuille d'automne : « Tu fais tant de bruit en tombant et dissipes tous mes rêves d'hiver. »

Indignée, la feuille répondit : « Toi, objet ignoble et sordide, objet muet et hargneux ! Tu ne peux saisir la mélodie d'un chant, car tu ne vis pas dans l'air supérieur. »

La feuille d'automne se coucha alors par terre et s'endormit. Et quand vint le printemps, elle s'éveilla de nouveau : elle était devenue un brin d'herbe.

Quand vint l'automne et qu'elle se préparait déjà au sommeil de l'hiver, elle entendit les feuilles tomber de toutes parts au-dessus d'elle ; elle se plaignit au fond d'elle-même en disant : « Oh ! ces feuilles d'automne ! Elles font tant de bruit ! Elles dissipent tous mes rêves d'hiver. »

L'Œil

L'Œil dit un jour : « Je vois au-delà de ces vallées une montagne voilée de brume bleue. N'est-ce pas beau ? »

L'Oreille, ayant entendu cela, prêta l'oreille un moment et dit : « Mais où est-elle donc cette montagne ? Je ne l'entends pas. »

Puis la Main dit : « En vain j'essaie de la toucher, cette montagne, je ne la trouve pas. »

Le Nez dit à son tour : « Il n'y a pas de montagne ; car je ne peux la sentir. »

L'Œil se détourna et les autres se mirent à critiquer cette étrange illusion de l'œil. « Dans l'œil, dirent-ils, il y a certes quelque chose qui défaille. »

Les deux savants

Dans l'ancienne ville d'Afkar vivaient jadis deux savants ; chacun d'eux méprisait et dépréciait le savoir de l'autre. L'un d'eux, en effet, niait l'existence des dieux, alors que l'autre était croyant.

Un jour, les deux hommes se rencontrèrent sur la place du marché ; et là, devant leurs adeptes respectifs, ils se mirent à discuter et à argumenter sur l'existence ou la non-existence des dieux. Après un démêlé de quelques heures, ils se séparèrent.

Ce soir-là, l'incroyant s'en alla au temple et se prosterna devant l'autel et pria les dieux de lui pardonner ses caprices d'antan.

Et à la même heure, l'autre savant, qui avait soutenu l'existence des dieux, brûlait ses livres sacrés. Car il était devenu incroyant.

Quand naquit mon Chagrin

Quand naquit mon Chagrin, je le nourris avec soin et veillai sur lui avec amour et tendresse.

Ainsi grandit mon Chagrin comme toute chose vivante, fort, beau et plein de délices merveilleuses.

Et nous nous aimâmes l'un l'autre, mon Chagrin et moi ; et nous aimâmes le monde qui nous entourait ; car mon Chagrin avait un cœur aimable, et mon cœur était aimable grâce à mon Chagrin.

Et quand nous conversions, mon Chagrin et moi, nos jours étaient ailés et nos nuits étaient enveloppées de rêves ; car mon Chagrin était éloquent, et grâce à mon Chagrin, je devins moi aussi éloquent.

Et quand nous chantions ensemble, mon Chagrin et moi, nos voisins se mettaient à leurs fenêtres pour nous écouter ; car nos chants étaient profonds comme la mer et pleins de souvenirs étranges.

Et quand nous marchions ensemble, mon Chagrin et moi, les gens nous contemplaient gentiment et chuchotaient des paroles on ne peut plus tendres. Mais il en est qui nous regardaient avec envie ; car mon Chagrin était noble ; et j'étais fier en compagnie de mon Chagrin.

Cependant mon Chagrin mourut, comme toute chose vivante, et je demeurai seul à réfléchir et à méditer.

Et maintenant, quand je parle, mes paroles sonnent lourdement à mes oreilles.

Et quand je chante mes chansons, mes voisins ne viennent plus m'écouter.

Et quand je marche dans les rues, personne ne me regarde plus.

C'est dans mon sommeil seulement que j'entends des voix dire avec compassion : « Regardez, ci-gît l'homme dont le Chagrin est mort. »

Et quand naquit ma Joie

Et quand naquit ma Joie, je la portai dans mes bras, me tins sur le toit de la maison et je criai : « Venez, vous, mes voisins, venez voir ; car la joie est née aujourd'hui en moi. Venez regarder cette chose réjouissante qui rit au soleil. »

Mais pas un de mes voisins ne vint regarder ma Joie ; et grand fut mon étonnement.

Et chaque jour, durant sept mois, je proclamai ma joie du haut du toit, mais personne ne m'écoutait. Ma Joie et moi, nous étions seuls, oubliés et abandonnés de tous.

Ma Joie grandit alors, pâle et ennuyée ; car il n'est pas d'autre cœur que le mien qui ait pu jouir de sa beauté, ni d'autres lèvres que les miennes pour embrasser ses lèvres.

Ma Joie mourut alors de solitude.

Et maintenant je ne me souviens de ma Joie morte qu'en évoquant mon Chagrin mort. Mais la mémoire n'est qu'une feuille d'automne qui murmure un instant dans le vent et puis se tait.

Le monde parfait

Dieu des âmes perdues, toi qui es perdu parmi les dieux, écoute-moi :

Toi, noble Destin, qui veilles sur nous, esprits fous et égarés, écoute-moi :

Je vis au milieu d'une race parfaite, moi le plus imparfait.

Moi, chaos humain, nébuleuse d'éléments confus, je chemine dans des mondes achevés, parmi des gens dont les lois sont complètes et la discipline intègre, dont les pensées sont classifiées, les rêves ordonnés et les visions inscrites sur des registres.

Leurs vertus, ô Dieu, sont mesurées ; leurs péchés pesés et même les innombrables bagatelles qui traversent le sombre crépuscule et qui ne sont ni péchés ni vertus sont enregistrées et cataloguées.

Ici, les jours et les nuits sont partagés selon la conduite des gens et sont régis par des règles d'une exactitude irréprochable.

Manger, boire, dormir, couvrir sa nudité et puis endurer l'ennui, et faire toute chose en son temps.

Travailler, jouer, chanter, danser et puis se reposer paisiblement quand sonne l'heure.

Penser ceci, sentir cela profondément et puis cesser de penser et de sentir lorsqu'une étoile quelconque s'élève à l'horizon lointain.

Voler un voisin avec un sourire, accorder des présents avec un geste gracieux de la main, louer avec prudence, blâmer avec précaution, détruire une âme avec une parole, brûler un corps avec un souffle et puis se laver les mains quand le travail du jour est ainsi accompli.

Aimer selon un ordre établi, se divertir soi-même selon une méthode préconçue, adorer les dieux comme il se doit, intriguer les démons avec astuce et puis tout oublier comme si la mémoire était anéantie.

Avoir des caprices avec raison, méditer avec considération, délecter doucement le bonheur, souffrir noblement et puis vider sa coupe de sorte que le lendemain puisse la remplir de nouveau.

Toutes choses, ô Dieu, sont conçues avec prévoyance ; elles sont nées d'une façon délibérée, nourries avec exactitude et justesse, régies par des règles, dirigées par la raison et puis massacrées et enterrées selon une méthode déterminée ; et même leurs tombes silencieuses où repose l'âme humaine sont numérotées et marquées de signes.

C'est un monde parfait, un monde d'une excellence accomplie, un monde de prodiges suprêmes ; c'est le fruit le plus mûr dans le jardin de Dieu, c'est le chef-d'œuvre de l'univers.

Mais pourquoi donc, ô Dieu, dois-je être ici, moi grain vert d'une passion inachevée, folle tempête qui ne cherche ni Orient ni Occident, fragment égaré d'une planète consumée ?

Pourquoi donc suis-je ici, ô Dieu des âmes perdues, toi qui es perdu parmi les dieux ?

Le Fou parle

Très jeune, on l'avait surpris à plusieurs reprises en train d'enfouir, dans le sol du jardin de la demeure familiale de Bcharré des pages détachées de livres ou de cahiers dans l'espoir de les voir germer. Gibran gardera tout au long de sa vie cette appréhension vitaliste, presque organique de la parole. Son *Fou* ne dévoile ni n'élucide. Il repaît son auditoire, psalmodiant ses phrases comme le David des Écritures. Mais poésie prosée, ellipses, paraboles ou contes brefs ne convergent chez lui autour d'aucun axe unique. En trente-trois récits courts, il pèle patiemment des lamelles d'illusion agglutinées autour du noyau vide de l'être. Son regard, pareil à celui de l'aveugle, semble fixer un point situé une toise au-dessus de nos têtes. Il dit vague, ne cherche pas le dialogue : « Et dans ma folie, j'ai retrouvé à la fois ma liberté et ma sécurité ; la liberté d'être seul et la sécurité de n'être pas compris ; car ceux qui nous comprennent nous asservissent de quelque manière. »

Quand le livre paraît en 1918 à New York, les liens de l'auteur avec la sphère arabe se font plus lâches. Le Liban, dans une atmosphère de relative prospérité, quitte le giron ottoman pour passer sous la bride du Mandat français. Les combats émancipateurs de Gibran menés en langue arabe, ses diatribes contre l'esprit féodal et la compromission d'un clergé monnayant en espèces les sacrements d'une foi de plus en plus trébuchante, l'ont conduit à un relatif isolement : « ... tu n'es pas à même d'écouter les chants de ma nuit ni de regarder mes ailes s'envoler vers les étoiles ; et je ne te permettrai point ni de les écouter ni de les regarder. Je voudrais être seul avec ma nuit. »

En choisissant pour la première fois de s'exprimer en anglais, Gibran cherche un nouvel espace, une audience élargie. Il veut s'extirper de ses « provinces » mentales, quitter ses patries transitoires. Il pose là le premier jalon d'une trilogie qui avec *The Forerunner* (1920) et *The Prophet* (1923) participent d'une même intention. *Le Fou* sape les fondations, invite à la dérive solitaire, au détachement : « Cependant, mon chagrin mourut, comme toute chose vivante, et je demeurais seul à réfléchir et à méditer. »

Dans *The Forerunner*, l'attitude hiératique s'accentue et ne semble plus être là que pour annoncer la venue d'un message tenu d'encore plus haut, où culminera la vision d'une régénération spirituelle vécue comme un contact intime, introverti, avec le divin. Cette reformulation très personnelle du mysticisme oriental à l'usage de l'Occident ouvrira à l'auteur la porte du succès mondial. La parole du Fou portait en germe celle du Sage. Traduit en une multitude de langues, Gibran aura réalisé son rêve précoce d'une prolifération des pages.

RAJA NASRALLAH

60

Vie de
Khalil Gibran

1883. Naissance de Khalil Gibran à Bcharré, au Liban.

1895. Départ de la famille pour Boston. Pour une raison inexpliquée, le père n'est pas du voyage.

1898. Retour de Gibran à Beyrouth, où il s'inscrit au collège de la Sagesse. Il y passe quatre ans.

1902. Nouveau départ pour Boston. Le talent artistique de Gibran s'affirme. Il peint et écrit.

1903. Mort de la mère de Gibran.

1904. Une directrice d'école, Mary Hazkell, le protège. Il engage avec elle une correspondance que seule sa mort interrompra.

1905. Parution de *La Musique*, le premier livre de Gibran, suivi des *Nymphes des vallées* (1907).

1908. Publication des *Esprits rebelles*. L'Église maronite juge l'ouvrage hérétique, et le pouvoir ottoman décide de le brûler en place publique. Gibran part pour Paris où il étudiera les beaux-arts.

1910. Retour à Boston, puis installation définitive à New York.

1912. Début de la correspondance entre Gibran et la femme-écrivain libanaise May Ziyada, qui vit en Égypte.

1916. Gibran mène une campagne en faveur des victimes, au Liban, de la famine provoquée par la guerre.

1918. Publication du *Fou*.

1919. Publication de *Processions*, en arabe.

1920. Publication du *Forerunner* et de *Tempêtes*. Gibran fonde avec d'autres écrivains arabes le Cénacle de la plume, un cercle qui se donne pour mission de publier les auteurs qui en font partie, de « secouer » la langue et de traduire en arabe les auteurs et les ouvrages qui le méritent. Longtemps après sa dissolution, l'influence du Cénacle reste considérable.

1923. Parution du *Prophète*.

1926. Parution du *Sable et l'Écume*.

1928. Publication de *Jésus, fils de l'homme*, suivi des *Dieux de la Terre*, de *L'Errant* et du *Jardin du prophète*.

1931. Mort de Khalil Gibran.

Repères bibliographiques

Ouvrages de Khalil Gibran

◆ *Iram aux colonnes*, suivi d'un texte de Jad Hatem, *Études sur la mystique de Gibran*, Cariscript, 1988.

◆ *Jésus, fils de l'homme*, Albin Michel, 1990.

◆ *Merveilles et processions*, Albin Michel, 1996.

◆ *Le Prophète*, Mille et une nuits, 1994.

◆ *Le Prophète. Le Jardin du prophète*, Seuil, collection Points, 1992.

◆ *Le Sable et l'Écume. Livre d'aphorismes*, Albin Michel, 1990.

◆ *Les Trésors de la sagesse*, Mortagne, 1986.

◆ *La Voix ailée. Lettres à May Ziyada*, Sindbad, La Bibliothèque arabe, 1982.

Études sur Khalil Gibran

◆ DAHDAH (Jean-Pierre), sous la direction de, « Khalil Gibran : poète de sagesse », *Questions de*, n° 82, 1991 ; *Khalil Gibran : une biographie*, Albin Michel, collection L'Expérience intérieure, 1994.

◆ KHARRAT (Souad), *Gibran le prophète, Nietzsche le visionnaire : du Prophète et d'Ainsi parlait Zarathoustra*, Triptyque, 1993.

Mille et une nuits propose des chefs-d'œuvre pour le temps
d'une attente, d'un voyage, d'une insomnie…

Derniers titres parus chez le même éditeur

Pour chaque titre, le texte intégral, une postface,
la vie de l'auteur et une bibliographie.

Achevé d'imprimer en août 1997,
sur papier recyclé Ricarta-Pigna par G. Canale & C. SpA (Turin, Italie)